나는
적성전형으로
대학

特/別/附/錄/

나는 적성전형으로 대학 간다
(특별 부록 : 2014년 적성검사 대학별 분석)

ⓒ최승후 2013

초판 1쇄 발행일 2013년 8월 16일

지 은 이 최승후
펴 낸 이 이정원

출판책임 박성규
편집책임 선우미정
편   집 김상진 · 한진우 · 김재은 · 김솔
디 자 인 김세린 · 김지연
마 케 팅 석철호 · 나다연 · 도한나
경영지원 김은주 · 이순복
제   작 송세언
관   리 구법모 · 엄철용

펴 낸 곳 도서출판 들녘
등록일자 1987년 12월 12일
등록번호 10-156
주   소 경기도 파주시 교하읍 문발리 출판문화정보산업단지 513-9
전   화 마케팅 031-955-7374 편집 031-955-7381
팩시밀리 031-955-7393
홈페이지 www.ddd21.co.kr

I S B N 978-89-7527-676-7(53370)

WHAT 대학
HOW 전략

2014년 적성검사 대학별 분석

"최종 모집요강과 전형일정은 각 대학의 입학홈페이지를
꼭 확인하시기 바랍니다."

한국기술교육대학교

(1) 모집시기 및 선발 인원

전 형	전형유형(선발 인원)	전형방법
수시 1차	일반전형 적성우선선발(100명)	우선선발(30%) : 적성검사 100%
	일반전형 일반선발 (234명)	일반선발(70%) : 적성검사 80% + 학생부 20% (실질반영비율 90.0% + 9.1%)

(2) 시험 구성(수리 3문항 주관식 단답형)

검사영역	문항수	검사시간	풀이시간	배점
영어영역 (고교 3년 전과정)	25문항	80분	96초	1점 : 3개 2점 : 19개 3점 : 3개
수리영역 (고등수학, 수학Ⅰ, 미적분과 통계기본)	25문항			

(3) 적성검사 성적 산출 방법

계 열	산출공식
공학계열학부(과), 산업경영학부	(수리 25문항 × (1~3)점) + (영어 25문항 × (1~3)점) × 0.4 = 80점, 기본 점수 없음

(4) 학생부 급간 차이 및 반영 방법

10점(1~2등급), 10점(2~3등급), 10점(3~4등급), 10점(4~5등급), 10점(5~6등급), 10점(6~7등급), 10점(7~8등급), 10점(8~9등급)

* 반영교과(반영교과 내 이수한 전과목) : 공학계열학부(과) - 국어, 영어, 수학, 과학교과
  산업경영학부 - 국어, 영어, 수학, 사회교과
* 학년별 반영비율 - 1학년 20%, 2·3학년 80%

(5) 수능최저학력기준

〈우선선발〉 없음

〈일반선발〉 3개 영역 중 2개 영역 합이 7등급 이내

모집단위	필수(1개 영역)	선택(1개 영역)
공학계열학부(과)	수학〈A/B〉	영어〈B〉·탐구영역 중 상위 1개 영역
산업경영학부	영어〈B〉	국어〈A/B〉·탐구영역 중 상위 1개 영역

－단, 공학계열 수학〈B형〉 선택자는 1등급 가산(合8등급)

* 농어촌학생 특별전형 : 수학〈A/B〉, 영어〈B〉, 탐구영역 중 상위 1개 영역이 3등급 이내
주)탐구영역은 과학탐구·사회탐구·직업탐구 중 택 1(상위 2개 과목 평균 반영)

(6) 적성검사 시험일

9. 28(토)

(7) 적성검사 특징과 대비법

〈영어〉 : 영어A형 수준의 문제가 출제된다. 발문이 영어로 제시되는 것도 특징이다. 어휘, 어법이 출제되지만 대부분은 독해 문제이다. 영어 기초가 튼튼하고 어휘력이 좋은 학생

이 유리하다. 문제 유형이 매년 일정하기 때문에 기출문제를 꼭 풀어봐야 한다.

〈수학〉: 2014학년도 모의적성문제를 분석해보면, 대학에서 제시한 출제범위인 고등 수학(교과명 '수학'), 수학I, 미적분과 통계 기본에서 골고루 출제되었다. 따라서 수능 공부를 하면서 따로 시간을 내어 고1 때 배운 '고등 수학(교과명 '수학')' 공부를 병행하는 것이 효과적인 학습법이다.

가톨릭대학교

(1) 모집시기 및 선발 인원

전 형	전형유형 (선발 인원)	전형방법
수시 2차	전공적성우수자전형 (294명)	우선선발(50% 내외): 적성검사 100% (수능최저학력기준 미적용)
		일반선발(50% 내외): 적성검사 100% (수능최저학력기준 적용)

(2) 시험 구성

검사영역	문항수	검사시간	풀이시간	배점
언어영역	60문항	80분	40초	2점(40문항)
수리영역	60문항			4점(20문항)

(3) 적성검사 성적 산출 방법

계 열	산출공식
전계열	[언어 40문항 × 2점 + 언어 20문항 × 4점 = 160점] + [수리 40문항 × 2점 + 수리 20문항 × 4점 = 160점] + 기본점수 680점 = 1,000점

(4) 학생부 급간 차이 및 반영 방법

학생부 미반영

(5) 수능최저학력기준

〈우선선발〉 없음

〈일반선발〉

계 열	최저기준
인문·사회	국어A/B, 수학A/B, 영어B, 사회탐구 영역 중 2개 영역 평균 3등급 이내
특수교육과	국어A/B, 수학A/B, 영어B, 사회탐구 영역 중 2개 영역 평균 2등급 이내
자연과학부 생명·환경학부	국어A/B, 수학A/B, 영어B, 과학탐구 영역 중 1개 영역 이상 3등급 이내
컴퓨터정보공학부 정보통신전자 공학부	국어A/B, 수학A/B, 영어B, 사회/과학탐구 영역 중 1개 영역 이상 3등급 이내
미디어기술 콘텐츠학과	국어A/B, 수학A/B, 영어B, 사회/과학탐구 영역 중 1개 영역 이상 2등급 이내
생활과학부	국어A/B, 수학A/B, 영어B, 사회/과학탐구 영역 중 2개 영역 평균 3등급 이내

※단, 탐구영역(사회/과학) 등급은 2과목 평균이 해당 등급 이상이어야 함.

(6) 적성검사 시험일

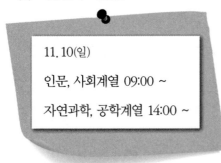

11. 10(일)

인문, 사회계열 09:00 ~

자연과학, 공학계열 14:00 ~

(7) 적성검사 특징과 대비법

〈국어〉: 순수적성형 문항을 출제하는 대학에 걸맞게 학생의 사고력, 논리력 등을 종합적으로 평가한다. 국어정서법, 속담, 고유어, 한자, 한자어, 한자성어, 논리력, 문학, 비문학, 자료해석 등이 출제되는데, 문학 문항 수는 적고 비문학 문항이 많이 출제되며, 논리력의 난도가 높다. 문제 유형이 매년 일정하기 때문에 기출문제를 꼭 풀어봐야 한다.

〈수학〉: 고등 수학(교과명 '수학'), 수학I의 문제가 가장 많이 출제되고, 공간지각력, 중학교 수학문제, 확률과 통계, 미분과 적분 문제도 일부 출제된다.

금오공과대학교

(1) 모집시기 및 선발 인원

전 형	전형유형 (선발 인원)	전형방법
수시1차	일반학생전형 (467명)	우선선발(50%): 학생부 30% + 적성검사 70%
		일반선발(50%): 학생부 30% + 적성검사 70%

(2) 시험 구성

검사영역	문항수	검사시간	풀이시간	배점
이학 및 공학	국어 20문항 영어 20문항 수학 40문항	80분	60초	3점
경영학과	국어 20문항 영어 30문항 수학 30문항	80분	60초	

(3) 적성검사 성적 산출 방법

계 열	산출공식
전계열	이학 및 공학 : (문항당 ×3 점) + 기본점수 460점 = 700점 경영학과 : (언어 40문항 ×3 점) + 기본점수 460점 = 700점

(4) 학생부 급간 차이 및 반영 방법

4점(1~2등급), 4점(2~3등급), 4점(3~4등급), 4점(4~5등급), 4점(5~6등급),4점(6~7등급), 4점(7~8등급), 4점(8~9등급)

* **반영교과** – 국어, 영어, 수학, 과학(단, 경영학과는 사회)
* **학년별 반영비율** – 1학년 : 20%, 2학년 : 40%, 3학년 : 40%

(5) 수능최저학력기준

〈우선선발(50%)〉

▶ 이학 및 공학계열 : 수능 국어, 수학, 영어B, 탐구영역(2과목 평균) 중 수학 영역을 포함한 2개 영역의 합(단, 수학A형 지원자의 수학영역 등급은 +2)

▶ 전자공학부 : 6등급 이내

▶ 기계계열, 토목환경공학부, 산업공학부, 에너지·융합소재공학부, 신소재시스템공학부, 컴퓨터공학과, 컴퓨터소프트웨어공학과, 광시스템공학과, 메디컬IT융합공학과, 응용화학과 : 7등급 이내

▶ 건축학부, 소재디자인공학과, 응용수학과 : 8등급 이내

▶ 경영학과 : 수능 국어, 영어B, 수학, 탐구영역(2과목 평균) 중 2개 영역의 합이 6등급 이내(단, 국어A형 지원자의 국어영역 등급은 +1)

〈일반선발(50%)〉

▶ 이학 및 공학계열 : 수능 국어, 수학, 영어B, 탐구영역(2과목 평균) 중 수학 영역을 포함한 2개 영역의 합이 10등급 이내 (단, 수학A형 지원자의 수학영역 등급은 +2)

▶ 경영학과 : 수능 국어, 영어B, 수학, 탐구영역(2과목 평균) 중 2개 영역의 합이 9등급 이내(단, 국어A형 지원자의 국어영역 등급은 +1)

(6) 적성검사 시험일

10. 19 (토)

(7) 적성검사 특징과 대비법

수능 3등급 정도 학생이 풀 수 있는 문제를 수능형으로 출제한다고 대학측이 발표하였다.

울산대학교

(1) 모집시기 및 선발 인원

전 형	전형유형 (선발 인원)	전형방법
수시 1차	일반전형(1,403명)	학생부 70% + 적성검사 30% (의예과는 논술)
	농어촌전형(112명)	학생부 70% + 적성검사 30%
	특성화고전형(47명)	학생부 70% + 적성검사 30%
	사회배려대상자전형(30명)	학생부 70% + 적성검사 30%

(2) 시험 구성(5지선다형 출제)

검사영역	문항수	검사시간	풀이시간	배점
인문대, 사회대, 경영대	언어 20문항 수리 20문항	70분 (영역당 35분)	105초	1.5점
생활대	영어 20문항	35분	105초	3점
자연대(스포츠과학부 제외), 공대, 건축대, 간호학과	영어 20문항 수리 10문항	70분	140초	2점

(3) 적성검사 성적 산출 방법

계 열	산출공식
전계열	40문항 ×1.5점, 30문항 × 2점, 20문항 × 3점 기본점수 240점, 최고점수 300점, 최저점수 240점

(4) 학생부 급간 차이 및 반영 방법

5점(1~2등급), 5점(2~3등급), 8점(3~4등급), 12점(4~5등급), 18점(5~6등급), 30점(6~7등급), 30점(7~8등급), 20점(8~9등급)

* **학년별 반영비율 - 1, 2, 3학년 100%**

모집단위	과목수	반영교과(한 학기를 1과목으로 적용)			
		국어	영어	수학	기타
인문대, 사회대, 경영대	10과목	3	3	2	사회/과학 중 2
자연대, 공대, 건축대 (기계/조선해양/전기/화학공학부 별도)	10과목	2	3	3	과학 2
기계/조선해양/전기/화학공학부	전체과목	국어, 수학, 영어, 사회, 과학 교과 전체			
생활대	10과목	3	3	2	사회/과학/기술·가정 중2
예체능계열	7과목	2	2	1	사회/과학 중 2
간호학과	10과목	2	3	3	사회/과학 중 2

(5) 수능최저학력기준

〈일반전형〉

모집단위	수능최저학력 기준
기계/조선해양/ 전기/화학공학부	국어(A/B형), 수학(A/B형), 영어(B형), 과탐(1과목)중 2개 영역 합이 6등급 이내
간호학과	국어(A/B형), 수학(A/B형), 영어(B형), 탐구(1과목)중 2개 영역 합이 6등급 이내

* **탐구영역은 1개 과목만 반영**

* **나머지 학과 : 없음**

〈농어촌 전형〉

기계/조선해양/전기/화학공학부 수능최저학력기준 : 국어(A/B), 수학(A/B), 영어(A/B),

과탐(1과목) 중 1개 영역이 4등급 이내

* 탐구영역은 1개 과목만 반영

* 나머지 학과 : 없음, 간호학과 최저 없음

〈특성화고 전형〉

* 간호학과 선발하지 않음

(6) 적성검사 시험일

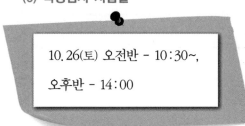

10. 26(토) 오전반 – 10 : 30~,

오후반 – 14 : 00

(7) 적성검사 특징과 대비법

〈국어〉 : 예시문제는 순수적성형 문제와 교과적성형 문제가 혼합되어 문학과 비문학 문항이 다수 출제되었다.

〈영어〉 : 영어A형 수준의 문제가 출제된다. 어휘, 어법이 출제되지만 대부분은 독해 문제이다. 영어 기초가 튼튼하고 어휘력이 좋은 학생이 유리하다.

〈수학〉 : 자연대(스포츠학과 제외), 공대, 건축대, 간호학과에서만 수학 10문제를 5지선다형으로 출제한다. 대학에서 발표한 예시문제를 보면 고등 수학(교과명 '수학')과 수능출제영역인 수학Ⅰ, 미적분과 통계기본의 문제가 골고루 출제되었다.

한국산업기술대학교

(1) 모집시기 및 선발 인원

전 형	전형유형 (선발 인원)	전형방법
수시 2차	일반전형(328명)	적성검사 80% + 학생부 20%
수시 1차	농어촌전형(55명)	적성검사 80% + 학생부 20%

(2) 시험 구성

검사영역	문항수	검사시간	풀이시간	배점
언어영역	35문항	80분	68초	2점
수리영역	35문항			

(3) 적성검사 성적 산출 방법

계 열	산출공식
전계열	(언어 35문항 × 2점) + (수리 35문항 × 2점) + 기본점수 260점 = 400점(80%)

(4) 학생부 급간 차이

2점(1~2등급), 2점(2~3등급), 2점(3~4등급), 2점(4~5등급), 6점(5~6등급), 6점(6~7등급), 10점(7~8등급), 10점(8~9등급)

* 반영교과(반영 교과 내 이수한 전과목)

  국어, 영어, 수학, 과학 또는 사회(이수단위가 많은 교과 자동 선택)

* 학년별 반영비율 – 1, 2, 3학년 100%

(5) 수능최저학력기준

없음

(6) 적성검사 시험일

10. 20(일)

(7) 적성검사 특징과 대비법

〈국어〉: 순수적성형 문제와 교과적성형 문제가 혼합되어 출제된다. 국어정서법, 속담, 고유어, 한자, 한자어, 한자성어, 논리력, 문학, 비문학 등이 출제된다. 문제 유형이 매년 일정하기 때문에 기출문제를 꼭 풀어봐야 한다.

〈수학〉: 수능 출제범위인 수학 I, 미적분과 통계 기본에서 대부분의 문제가 출제되었고, 고등 수학(교과명 '수학')에서도 일부 출제되었다.

가천대학교

(1) 모집시기 및 선발 인원

◪ 가천대학교(글로벌)

전 형	전형유형 (선발 인원)	전형방법
수시 1차	일반전형(706명)	우선선발(30%) : 적성검사 100%
		일반선발(70%) : 적성검사 70% + 학생부 30%
수시 2차	일반전형(581명)	우선선발(30%) : 적성검사 100%
		일반선발(70%) : 적성검사 80% + 학생부 20%
수시 1차	농어촌전형(65명)	적성검사 70% + 학생부 30%
수시 1차	특성화고전형(78명)	적성검사 70% + 학생부 30%

◪ 가천대학교(메디컬)

전 형	전형유형 (선발 인원)	전형방법
수시 1차	일반전형(101명)	우선선발(30%) : 적성검사 100%
		일반선발(70%) : 적성검사 70% + 학생부 30%
수시 2차	일반전형(101명)	우선선발(30%) : 적성검사 100%
		일반선발(70%) : 적성검사 80% + 학생부 20%
수시 1차	농어촌전형(14명)	적성검사 80% + 학생부 20%

(2) 시험 구성

〈인문계열〉

검사영역	문항수	검사시간	풀이시간	배점
국어B형	20문항	60분	65초	4점, 6점
수학A형	20문항			
영어B형	15문항			

〈자연계열〉

검사영역	문항수	검사시간	풀이시간	배점
국어A형	20문항			
수학B형	20문항	60분	65초	4점, 6점
영어B형	15문항			

(3) 적성검사 성적 산출 방법

계 열	산출공식
인문계열	(국어B 10문항 × 4점) + (국어B 10문항 × 6점) + (수학A 10문항 × 4점) + (수학A 10문항 × 6점) + (영어B 10문항 × 4점) + (영어B 10문항 × 6점) + 수시1차 기본점수 520점(수시2차는 620점) = 700점(800점)
자연계열	(국어A 10문항 × 4점) + (국어A 10문항 × 6점) + (수학B 10문항 × 4점) + (수학B 10문항 × 6점) + (영어A 10문항 × 4점) + (영어A 10문항 × 6점) + 수시1차 기본점수 520점(수시2차는 620점) = 700점(800점)

(4) 학생부 급간 차이

1차 : 3점(1~2등급), 3점(2~3등급), 3점(3~4등급), 6점(4~5등급), 9점(5~6등급), 9점(6~7등급), 9점(7~8등급), 15점(8~9등급)

2차 : 2점(1~2등급), 2점(2~3등급), 2점(3~4등급), 4점(4~5등급), 6점(5~6등급), 6점(6~7등급), 6점(7~8등급), 10점(8~9등급)

* 반영교과(반영 교과 내 이수한 전과목)

　인문계 - 국어, 영어, 사회

　자연계 - 수학, 영어, 과학

* 학년별 반영비율 - 1학년 30%, 2학년 30%, 3학년 40%

(5) 수능최저학력기준

없음

(6) 적성검사 시험일

수시 1차 : 9.29(일)

수시 2차 : 12.1(일)

(7) 적성검사 특징과 대비법

〈국어〉 : 인문계는 국어 B형, 자연계는 국어 A형 수준의 수능형 문제가 EBS교재와 연계하여 출제된다. 사회탐구·과학탐구영역의 교과지식 및 상식을 묻는 문제도 출제된다.

〈영어〉 : 영어 B형 수준의 문제가 EBS교재와 연계하여 독해 위주로 출제된다.

〈수학〉 : 인문계는 수학 A형, 자연계는 수학 B형 수준의 수능형 문제가 EBS교재와 연계하여 출제된다.

경기대학교

(1) 모집시기 및 선발 인원

전 형	전형유형 (선발 인원)	전형방법
수시 1차	일반전형 수원 406명 서울 40명	1단계 : 학생부 100%(인문60배수, 자연40배수) 2단계 : 적성검사 100%(최저 있음)
수시 2차	일반전형 수원 406명 서울 40명	1단계 : 학생부 100%(인문60배수, 자연40배수) 2단계 : 적성검사 70% + 학생부 30%(최저 없음)

(2) 시험 구성

검사영역	문항수	검사시간	풀이시간	배점
언어영역	40문항	60분	45초	인문계 : 언어 2점, 수리 1.5점
수리영역	40문항			자연계 : 수리 2점, 언어 1.5점

(3) 적성검사 성적 산출 방법

계 열	산출공식
인문계열	(언어 40문항 × 2점) + (수리 40문항 × 1.5점) = 140점
자연계열	(수리 40문항 × 2점) + (언어 40문항 × 1.5점) = 140점

(4) 학생부 급간 차이

3점(1~2등급), 3점(2~3등급), 3점(3~4등급), 3점(4~5등급), 3점(5~6등급), 9점(6~7등급), 6점(7~8등급), 6점(8~9등급)

* 반영교과(반영 교과 내 이수한 전과목)

　인문계/예체능계 - 국어, 외국어(제2외국어, 한문 포함), 수학, 사회

　자연계 - 국어, 외국어(제2외국어, 한문 포함), 수학, 과학

* 학년별 반영비율 - 1, 2, 3학년 100%

(5) 수능최저학력기준

〈수시 1차〉

인문계, 예능계(실기 미실시학과) : 국어B, 수학A, 영어B, 탐구 영역 중 상위 2개 영역 백분위 평균 77점 이상

자연계 : 국어A, 수학B, 영어B, 탐구 영역 중 상위 2개 영역 백분위 평균 75점 이상
*탐구영역은 1개 과목만 반영

〈수시 2차〉 없음

(6) 적성검사 시험일

수시 1차 : 10. 5(토) ~ 6(일)

수시 2차 : 11. 23(토) ~ 24(일)

(7) 적성검사 특징과 대비법

〈국어〉 : 순수적성형 문제와 교과적성형 문제가 혼합되어 출제되는데, 순수적성형 문항 비율이 더 높다. 국어정서법, 속담, 고유어, 한자, 한자어, 한자성어, 문학, 비문학, 자료해석 등이 출제된다. 문제 유형이 매년 일정하기 때문에 기출문제를 꼭 풀어봐야 한다.

〈수학〉 : 대학에서 학업을 수행하는 데 필요한 잠재적인 학습능력과 종합적인 사고력 및 상황에 대한 판단력을 평가한다. 중학교 수학 내용, 공간지각능력, 고등 수학(교과명'수학'), 확률 문제가 주로 출제된다.

명지대학교

(1) 모집시기 및 선발 인원

전 형	전형유형 (선발 인원)	전형방법
수시 1차	일반학생전형(382명) 인문 179명 자연 203명	적성검사 50%
수시 2차	특성화고전형(50명) 인문 28명, 자연 22명	+ 학생부 50%

(2) 시험 구성(교과형 문제가 국어와 수학에서 각각 3~5문항 내외 출제됨)

검사영역	인문계열 문항수	자연계열 문항수	검사시간	풀이시간	배점
언어이해력	25문항(45점)	20문항(35점)	60분	60초	1점, 2점
수리능력	20문항(35점)	25문항(45점)			
사고력	15문항(20점)	15문항(20점)			

(3) 적성검사 성적 산출 방법

계 열	산출공식
전계열	(언어이해력, 수리능력, 사고력) × 1점 또는 2점 = 100점, 기본점수 없음

(4) 학생부 급간 차이

1점(1~2등급), 1.5점(2~3등급), 1.5점(3~4등급), 1.5점(4~5등급), 1.5점(5~6등급), 8점(6~7등급), 10점(7~8등급), 15점(8~9등급)

* 반영교과(반영 교과 내 이수한 전과목) : 국어, 영어, 수학, 사회, 과학

* 학년별 반영비율 - 1, 2, 3학년 100%

(5) 수능최저학력기준

없음

(6) 적성검사 시험일

9. 28(토)

(7) 적성검사 특징과 대비법

〈국어〉 : 순수적성형 문항을 출제하는 대학에 걸맞게 학생의 사고력, 논리력 등을 종합적으로 평가한다. 국어정서법, 속담, 고유어, 한자, 한자어, 한자성어, 논리력, 문학, 비문학, 자료해석 등이 출제되는데, 문학 문항수는 적고 비문학 문항이 많이 출제되며, 논리력의 난도가 높다. 문제 유형이 매년 일정하기 때문에 기출문제를 꼭 풀어봐야 한다.

〈수학〉 : 기초수리능력과 사고력을 주로 평가한다. 중학교 수학 문제, 고등 수학(교과명 '수학') 문제 그리고 블록의 개수, 전개도, 수의 추리, 논리 추리 등이 골고루 출제되고 있다. 다른 대학에 비하여 순수적성형 문항들이 많이 출제되며, 수능형 문제가 5문항 내외로 포함된다.

> **＊출제 범위 : 중·고교 교과과정 내**
>
> ※ 교과형 문제 출제 분야
> 국어 : 비문학, 시, 소설 분야. 단, 비문학, 시, 소설 모든 분야에서 출제하는 것은 아님.
> 수학 : 수학I, 미적분과 통계 기본. 단, 확률·통계 단원에서는 출제하지 않음.

단국대학교(천안)

(1) 모집시기 및 선발 인원

전 형	전형유형 (선발 인원)	전형방법
수시 1차	일반학생전형(478명)	1단계(20배수) : 학생부 100% 2단계 : 적성검사 80% + 학생부 20%
수시 1차	해병대 군사학과(15명)	1단계(20배수) : 학생부 100% 2단계(3배수) : 학생부 30%+적성검사70% 3단계 : 학생부10%+적성검사70%+체력검정20%
수시 1차	농어촌학생전형(69명)	적성검사 80% + 학생부 20%
수시 1차	국가보훈대상자(16명)	적성검사 80% + 학생부 20%
수시 2차	일반학생전형(402명)	1단계(20배수) : 학생부 100% 2단계 : 적성검사 70% + 학생부 30%

2) 시험 구성

검사 영역	문항수 (인문계)	문항수 (자연계)	검사 시간	풀이시간	배점
언어 영역	50문항 -영어 15문항 포함	20문항 -영어 6문항 포함	60분	인문계 : 51초 자연계 : 60초	**〈수시 1차〉** 인문계(언어 1.5점, 수리 1.25점, 영어 1.5점) 비율반영 : 언어 12점, 수시 10점, 영어 12점 자연계(언어 1.3점, 수리 1.85점, 영어 1.3점) 비율반영 : 언어 10.4점, 수리 14.8점, 영어 10.4점
수리 영역	20문항	40문항			**〈수시2차〉** 인문계(언어 1.5점, 수리 1.25점, 영어 1.5점) 비율반영 : 언어 10.5점, 수리 8.75점, 영어 10.5점 자연계(언어 1.3점, 수리 1.85점, 영어 1.3점) 비율반영 : 언어 9.1점, 수리 12.95점, 영어 9.1점

(3) 적성검사 성적 산출 방법

계 열	산출공식
인문계열	[(국어 35문항 × 1.5점) + (영어 15문항 × 1.5점) + (수리 20문항 × 1.25점)] × 7(8) = 700(800)점
자연계열	[(수리 40문항 × 1.85점) + (영어 6문항 × 1.3점) + (언어 14문항 × 1.3점)] × 7(8) = 700(800)점

(4) 학생부 급간 차이

〈수시 1차〉

10점(1~2등급), 10점(2~3등급), 10점(3~4등급), 10점(4~5등급), 40점(5~6등급), 30점(6~7등급), 40점(7~8등급), 50점(8~9등급)

〈수시 2차〉

15점(1~2등급), 15점(2~3등급), 15점(3~4등급), 15점(4~5등급), 60점(5~6등급), 45점(6~7등급), 60점(7~8등급), 75점(8~9등급)

* 반영교과(반영 교과 내 이수한 전과목)

: 인문계, 간호학과(인문) – 국어, 영어, 수학, 사회

  자연계·의학계열, 간호학과(자연) : 국어, 영어, 수학, 과학

  예체능계 – 국어, 영어, 사회

* 학년별 반영비율 – 1, 2, 3학년 100%

(5) 수능최저학력기준

▶ 간호학과(인문) : 언어(A/B), 수리(A/B), 외국어(A/B), 사탐(1과목) 영역 중 2개 영역 이상 3등급

▶ 간호학과(자연) : 언어(A/B), 수리(A/B), 외국어(A/B), 과탐(1과목) 영역 중 2개 영역 이

상 3등급

▶ 해병대군사학과 : 언어(A/B), 수리(A/B), 외국어(A/B), 탐구(사/과/직 1과목)영역 중 2개

영역 이상 3등급 이내

* 탐구영역은 1개 과목만 반영
* 나머지 학과 : 없음

(6) 적성검사 시험일

수시 1차 : 자연계 10.5(토), 인문계 10.6(일)

수시 2차 : 인문계 11.30(토), 자연계 12.1(일)

(7) 적성검사 특징과 대비법

〈국어〉 : 순수적성형 문제와 교과적성형 문제가 혼합되어 출제된다. 국어정서법, 속담, 고유어, 한자, 한자어, 한자성어, 문학, 비문학 등이 출제된다. 국어정서법 문항이 많다. 문제 유형이 매년 일정하기 때문에 기출문제를 꼭 풀어봐야 한다.

〈영어〉 : 영어A형 수준의 문제가 출제된다.

〈수학〉 : 인문계 문항에서는 중학교 수학 내용과 고등 수학(교과명 '수학')문제가 많이 출제 되었고, 수능 출제 영역인 수학 I, 미적분과 통계 기본에서도 일부 출제 되었다. 자연계에서는 고등 수학(교과명 '수학') 문제가 가장 많이 출제되었으며, 수능출제 영역인 수학 I, 수학 II, 기하와 벡터, 적분과 통계 단원의 문제가 출제되어 수학B를 준비하는 학생들에게 유리하다. 인문과 자연 모두 소수이지만 공간지각을 묻는 문제가 출제되었다.

한양대학교(에리카)

(1) 모집시기 및 선발 인원

전 형	전형유형 (선발 인원)	전형방법
수시 1차	일반우수자 I (330명)	객관형 전공능력검사 80% + 학생부 20% (수능최저없음)
수시 2차	일반우수자 II (330명)	서술형 전공능력검사 80% + 학생부 20% (수능최저있음)
수시 2차	글로벌한양(30명)	서술형 전공능력검사 60% + 학생부 교과 10% + 공인어학성적 30% (수능최저있음)
수시 1차	사회기여및배려대상자(95명)	적성검사 80% + 학생부 20%

(2) 시험 구성(5지선다형 출제, 일반우수자II-약술형, EBS 연계율 70% 이상, 100% 수능형)

검사영역	문항수	반영비율		검사시간	풀이시간	배점
		인문	자연			
국어	20문항	30%	20%	80분	80초	계열별 과목당 배점의 차이 있음
영어	20문항	40%	30%			
수학	20문항	30%	50%			

*일반우수자 I : 전공능력검사 성적이 일정 점수 미만인 자는 선발하지 않음

*일반우수자 II : 언어, 외국어, 수리 문항에 대한 약술형(고교 교육과정 내에서 이해할 수 있는 문제 및 제시문에 대한 답안을 약술형으로 작성)

(3) 적성검사 성적 산출 방법

계 열	산출공식
인문계열	언어 180점 + 외국어 240점 + 수리 180점 = 600점, 기본점수 없음
자연계열	언어 120점 + 외국어 180점 + 수리 300점 = 600점, 기본점수 없음

(4) 학생부 급간 차이

1.5점(1~2등급), 2점(2~3등급), 2.5점(3~4등급), 3점(4~5등급), 4점(5~6등급), 4점(6~7등급),

5점(7~8등급), 8점(8~9등급)

* 반영교과(반영 교과 내 이수한 전과목)

: 인문·상경계 – 국어, 영어, 수학, 사회

　자연계 – 국어, 영어, 수학, 과학

　예체능계 – 국어, 영어, 사회

* 학년별 반영비율 – 1, 2, 3학년 100%

(5) 수능최저학력기준

〈일반우수자Ⅰ〉 없음

〈일반우수자Ⅱ〉, 글로벌한양

▶ 인문계 : 영어B를 포함한 4개 영역을 필수 응시하고, 2등급 이내 1개와 3등급 이내 1개

▶ 자연계 : 수학B와 과탐을 포함한 4개 영역을 필수 응시하고, 4개 영역 중 3등급 이

　내 2개

* 탐구영역의 등급 적용 시 2개 과목의 평균을 적용

* 수능 필수 응시영역

인문·상경	국어A/B, 수학A/B, 영어B, 사탐/과탐(2과목)
자연	국어A/B, 수학B, 영어A/B, 과탐(2과목)

(6) 적성검사 시험일

수시 1차 : 10. 12(토)

수시 2차 : 11. 9(토)

$$f\,(\text{교과반영}) = \frac{(\text{과목별 등급점수} \times \text{과목별 이수단위})\text{의 합}}{\text{총 이수단위}} + 300\text{점}$$

등급	1	2	3	4	5	6	7	8	9
20% 반영점수	200	197	193	188	182	174	166	156	140
점수차		3	4	5	6	8	8	10	16

(7) 적성검사 특징과 대비법

〈국어〉 : 인문계는 국어B형, 자연계는 국어A형 수준의 수능형 문제가 출제된다.

〈영어〉 : 영어B형 수준의 문제가 수능형으로 출제된다.

〈수학〉 : 인문계열은 수능 출제영역인 수학Ⅰ, 미적분과 통계 기본에서 골고루 출제되었고, 자연계열은 수능 출제영역인 수학Ⅰ, 수학Ⅱ, 적분과 통계, 기하와 벡터에서 골고루 출제되었다.

고려대학교(세종)

(1) 모집시기 및 선발 인원

전 형	전형유형 (선발 인원)	전형방법
수시 2차	적성검사전형(586명)	우선선발(20%): 적성검사 80% + 학생부 20%
		일반선발(80%): 적성검사 80% + 학생부 20%

(2) 시험 구성

검사영역	문항수	검사시간	풀이시간	배점
국어	20문항			
수학	20문항	90분	77초	7점
영어	15문항			
논리사고	15문항			

(3) 적성검사 성적 산출 방법

계 열	산출공식
전계열	[(국어, 수학, 영어, 논리사고 70문항 × 7점) = 490점] + 기본점수 310점 = 800점

(4) 학생부 급간 차이

15점(1~2등급), 15점(2~3등급), 15점(3~4등급), 15점(4~5등급), 15점(5~6등급), 15점(6~7등급), 15점(7~8등급), 15점(8~9등급)

* 반영교과(반영 교과 내 이수한 전과목)

인문·체능계 - 국어, 영어, 수학, 사회

자연계 - 국어, 영어, 수학, 과학

* 학년별 반영비율 - 1, 2, 3학년 100%

(5) 수능최저학력기준

〈**우선선발**〉 없음

〈**일반선발**〉

▶인문[경상대학, 공공행정학부, 중국학부, 어문학부, 인문사회학부, 미디어문예창작학과] : 국어B, 수학A, 영어B 중 1개 80%

▶정보과학부, 디스플레이·반도체물리학과, 신소재화학과, 제어계측공학과 : 국어A, 수학B, 영어B, 과탐 중 2개 3등급

▶컴퓨터정보학과, 바이오시스템공학부, 환경시스템공학과, 전자 및 정보공학과 : 국어A, 수학A/B, 영어B, 과탐 중 2개 3등급

* **수학 A/B 인정 : 컴퓨터정보학과, 바이오시스템공학부, 환경시스템공학과, 전자 및 정보공학과**

* **수학 B : 정보과학부, 디스플레이·반도체물리학과, 신소재화학과, 제어계측공학과**

(6) 적성검사 시험일

11. 23(토)

(7) 적성검사 특징과 대비법

〈국어〉 : 순수적성형 문제와 교과적성형 문제가 혼합되어 출제된다. 국어정서법, 문학, 비문학 등이 출제된다. 비문학 장문독해 문항이 많다.

〈영어〉 : 영어B형 수준의 문제가 독해 위주로 출제된다.

〈수학〉 : 2014학년도 모의적성 문제를 분석해보면 수리영역에서는 고등 수학(교과명 '수학')과 수능 출제영역인 수학1, 미적분과 통계 기본의 문제들이 출제되었다. 논리영역에서는 수의 배열, 공간도형의 모형, 통계 자료의 해석 등에 대한 문제들이 출제되었다. 이는 기초소양과 잠재능력을 지닌 우수인재를 선발하기 위함이다.

을지대학교(성남, 대전)

전 형	전형유형 (선발 인원)	전형방법
수시 1차(성남)	일반전형(284명)	적성검사 60% + 학생부 40%
수시 1차(성남)	농어촌전형(30명)	적성검사 60% + 학생부 40%
수시 1차(성남)	특성화고전형(14명)	적성검사 60% + 학생부 40%
수시 1차(성남)	사회기여자 및 배려대상자전형(29명)	적성검사 60% + 학생부 40%
수시 1차(성남)	을지사랑드림전형(24명)	적성검사 60% + 학생부 40%
수시 2차(성남)	일반전형(173명)	적성검사 70% + 학생부 30%
수시 2차(대전)	일반전형(21명)	적성검사 70% + 학생부 30%

(2) 시험 구성

검사영역	문항수	검사시간	풀이시간	배점
언어영역	20문항 (상 5문항, 중 10문항, 하 5문항)	60분	60초	〈수시 1차〉 상 8점 중 6점 하 4점 〈수시 2차〉 상 9점 중 7점 하 5점
수리영역	20문항 (상 5문항, 중 10문항, 하 5문항)			
외국어영역	20문항 (상 5문항, 중 10문항, 하 5문항)			

(3) 적성검사 성적 산출 방법

계 열	산출공식
수시 1차 전계열	(언어 5문항 × 8점) + (언어 10문항 × 6점) + (언어 5문항 × 4점) + (수리 5문항 × 8점) + (수리 10문항 × 6점) + (수리 5문항 × 4점) + (영어 5문항 × 8점) + (영어 10문항 × 6점) + (영어 5문항 × 4점) + 기본점수 240점 = 600점

수시 2차 전계열	(언어 5문항 × 9점) + (언어 10문항 × 7점) + (언어 5문항 × 5점) + (수리 5문항 × 9점) + (수리 10문항 × 7점) + (수리 5문항 × 5점) + (영어 5문항 × 9점) + (영어 10문항 × 7점) + (영어 5문항 × 5점) + 기본점수 280점 = 700점

(4) 학생부 급간 차이

〈수시 1차〉

8점(1~2등급), 8점(2~3등급), 8점(3~4등급), 8점(4~5등급), 8점(5~6등급), 40점(6~7등급), 60점(7~8등급), 60점(8~9등급)

〈수시 2차〉

6점(1~2등급), 6점(2~3등급), 6점(3~4등급), 6점(4~5등급), 6점(5~6등급), 30점(6~7등급), 45점(7~8등급), 45점(8~9등급)

* 반영교과(반영 교과 내 이수한 전과목)

: 국어, 영어, 수학, 사회, 과학

* 학년별 반영비율 - 1, 2, 3학년 100%

(5) 수능최저학력기준

없음

(6) 적성검사 시험일

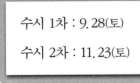

수시 1차 : 9. 28(토)

수시 2차 : 11. 23(토)

(7) 적성검사 특징과 대비법

〈국어〉 : 순수적성형 문제와 교과적성형 문제가 혼합되어 출제되는데, 교과적성형 문항의 비율이 더 높다. 국어정서법, 문학, 비문학 등이 주로 출제된다.

〈영어〉 : 영어B형 수준의 문제가 수능형으로 출제된다.

〈수학〉 : 고등 수학(교과명 '수학')과 수능출제영역인 수학Ⅰ, 미적분과 통계 기본의 영역에서 문제를 골고루 출제하였다.

강남대학교

(1) 모집시기 및 선발 인원

전 형	전형유형 (선발 인원)	전형방법
수시 1차	일반학생전형(600명)	적성검사 70% + 학생부 30%
수시 1차	사회기여자전형(32명)	적성검사 70% + 학생부 30%
수시 2차	일반학생전형(246명)	적성검사 100%

(2) 시험 구성

검사영역	문항수	검사시간	풀이시간	배점
언어영역	25문항	60분	60초	인문계 : 언어 7점, 외국어 6점, 수리 5점 자연계 : 언어 5점, 외국어 6점, 수리 7점
수리영역	25문항			
외국어영역	10문항			

(3) 적성검사 성적 산출 방법

계 열	산출공식
인문계열	(언어 25문항 × 7점) + (영어 10문항 × 6점) + (수리 25문항 × 5점) + 기본점수 340점 = 700점
자연계열	(언어 25문항 × 5점) + (영어 10문항 × 6점) + (수리 25문항 × 7점) + 기본점수 340점 = 700점

(4) 학생부 급간 차이

2점(1~2등급), 4점(2~3등급), 4점(3~4등급), 6점(4~5등급), 8점(5~6등급), 16점(6~7등급), 18점(7~8등급), 40점(8~9등급)

＊ 반영교과

　국어, 수학, 영어, 사회, 과학 중 상위 8과목, 이수한 교과목은 학기단위로 반영

＊ 학년별 반영비율 - 1, 2, 3학년 100%

(5) 수능최저학력기준

없음

(6) 적성검사 시험일

수시 1차 : 9. 28(토)

수시 2차 : 11. 30(토)

(7) 적성검사 특징과 대비법

〈국어〉 : 국어정서법, 속담, 고유어, 한자, 한자어, 한자성어, 논리력, 문학, 비문학, 자료해석 등이 출제되는데, 비문학 추론 문항이 많다.

〈영어〉 : 영어A형 수준의 문제가 출제된다.

〈수학〉 : 고등 수학(교과명 '수학'), 수학Ⅰ, 미적분과 통계 기본에 해당하는 문제가 고르게 출제되었고, 여기에 중학교 수학문제가 조금 가미되었다.

수원대학교

(1) 모집시기 및 선발 인원

전 형	전형유형 (선발 인원)	전형방법
수시 1차	일반전형(525명)	적성검사 50% + 학생부 50%
수시 1차	농어촌전형(104명)	적성검사 50% + 학생부 50%
수시 1차	특성화고전형(78명)	적성검사 50% + 학생부 50%
수시 1차	유공자자녀전형(5명)	적성검사 50% + 학생부 50%
수시 2차	일반학생전형(173명)	적성검사 50% + 학생부 50%

(2) 시험 구성

검사영역	문항수	검사시간	풀이시간	배점
언어영역	40문항	60분	45초	인문계 : 언어 4점, 수리 3점
수리영역	40문항			자연계 : 수리 4점, 언어 3점

(3) 적성검사 성적 산출 방법

계 열	산출공식
인문계열	(언어 40문항 × 4점) + (수리 40문항 × 3점) + 기본점수 220점 = 500점
자연계열	(수리 40문항 × 4점) + (언어 40문항 × 3점) + 기본점수 220점 = 500점

(4) 학생부 급간 차이

3.2점(1~2등급), 3.6점(2~3등급), 3.6점(3~4등급), 3.6점(4~5등급), 36점(5~6등급), 36점(6~7등급), 54점(7~8등급), 47.1점(8~9등급)

* 일반전형 반영교과(학기별 4개 과목 반영)

국어, 수학, 영어 각 1과목, 사탐/과탐 중 1과목

* 학년별 반영비율 - 1, 2, 3학년 100%

* 농어촌전형 반영교과(반영 교과 내 이수한 전과목)

인문·예체능계 - 국어, 영어

자연계 - 영어, 수학

* 학년별 반영비율 - 1, 2, 3학년 100%

구분			내역
반영 교과목	일반학생 전형	인문사회	국어/수학/영어 각 1과목, 사회/과학 중 1과목(학기별 4과목씩)
		자연	수학/국어/영어 각 1과목, 사회/과학 중 1과목(학기별 4과목씩)
	농어촌/ 특성화고 전형	인문사회	국어교과, 외국어교과 영어과목 (이수과목 전체 가중평균등급점수 반영)
		자연	수학교과, 외국어교과 영어과목 (이수과목 전체 가중평균등급점수 반영)
반영방법 및 등급 수			해당 교과별 석차를 9등급으로 반영 (농어촌/특성화고전형은 15환산등급 반영점수 반영)

(5) 수능최저학력기준

없음

(6) 적성검사 시험일

수시 1차 : 10. 12(토) ~ 13(일)

수시 2차 : 11. 23(토) ~ 24(일)

(7) 적성검사 특징과 대비법

〈국어〉 : 순수적성형 문제와 교과적성형 문제가 혼합되어 출제되는데, 교과적성형 문항의 비율이 더 높다. 사회탐구와 과학탐구 영역의 교과지식을 묻는 문제가 많이 출제되며, 비문학 장문독해 문항이 많다. 문제 유형이 매년 일정하기 때문에 기출문제를 꼭 풀어봐야 한다.

〈수학〉 : 고등 수학(교과명 '수학') 내용이 대부분 출제되었고, 여기에 중학교 수학문제가 조금 가미되었다.

한신대학교

(1) 모집시기 및 선발 인원

전 형	전형유형 (선발 인원)	전형방법
수시 2차	전공적성고사전형(190명)	적성검사 60% + 학생부 40%

(2) 시험 구성

검사영역	문항수	검사시간	풀이시간	배점
언어영역	40문항	60분	45초	인문계 : 언어 4점, 수리 3점
수리영역	40문항			자연계 : 수리 4점, 언어 3점

(3) 적성검사 성적 산출 방법

계 열	산출공식
인문계열	(언어능력 40문항 × 4점) + (수리능력 40문항 × 3점) + 기본점수 320점 = 600점
자연계열	(수리능력 40문항 × 4점) + (언어능력 40문항 × 3점) + 기본점수 320점 = 600점

(4) 학생부 급간 차이

8점(1~2등급), 8점(2~3등급), 8점(3~4등급), 8점(4~5등급), 8점(5~6등급), 8점(6~7등급), 8점(7~8등급), 8점(8~9등급)

* 반영교과(3과목 총 9과목 반영)

  인문계열 – 국어교과 3과목 + 영어교과 3과목 + 사회/과학교과 중 3과목 총 9과목

  자연계열 – 수학교과 3과목 + 영어교과 3과목 + 사회/과학교과 중 3과목 총 9과목

* 학년별 반영비율 – 1, 2, 3학년 100%

(5) 수능최저학력기준

없음

(6) 적성검사 시험일

12. 1(일)

(7) 적성검사 특징과 대비법

〈국어〉: 순수적성형 문제와 교과적성형 문제가 혼합되어 출제되는데, 교과적성형 문항의 비율이 더 높다. 국어정서법, 문학, 비문학 등이 주로 출제된다.

〈수학〉: 고등 수학(교과명 '수학') 문제가 가장 많이 출제되었고, 그 다음으로는 수학 I의 문제가 많이 출제되었다. 공간지각과 중학교 수학문제도 몇 문제 출제되었다.

성결대학교

(1) 모집시기 및 선발 인원

전 형	전형유형 (선발 인원)	전형방법
수시 1차	전공적성고사전형(206명)	적성검사 60% + 학생부 40%

(2) 시험 구성

검사영역	문항수	검사시간	풀이시간	배점
언어영역	30문항	60분	51초	언어 9점, 수리 9점, 외국어 6점
수리영역	30문항			
외국어영역	10문항			

(3) 적성검사 성적 산출 방법

계 열	산출공식
전계열	(언어 30문항 × 9점) + (수리 30문항 × 9점) + (외국어 10문항 × 6점) = 600점, 기본점수 없음

(4) 학생부 급간 차이

6점(1~2등급), 6점(2~3등급), 6점(3~4등급), 6점(4~5등급), 6점(5~6등급), 6점(6~7등급), 6점(7~8등급), 6점(8~9등급)

＊반영교과(전학년 9개 과목 석차등급 반영)

공과대 – 수학, 영어, 사회/과학 교과과목 중 석차등급이 높은 학년별 1과목씩 3과목 총 9과목

그 외 학과 – 국어/수학, 영어, 사회/과학 교과과목 중 석차등급이 높은 학년별 1과목씩 총 9과목

* 학년별 반영비율 – 1학년 30%, 2학년 30%, 3학년 40%

(5) 수능최저학력기준

없음

(6) 적성검사 시험일

10. 19(토)

(7) 적성검사 특징과 대비법

〈국어〉 : 순수적성형 문제와 교과적성형 문제가 혼합되어 출제되는데, 교과적성형 문항의 비율이 더 높다. 국어정서법, 문학, 비문학 등이 주로 출제된다.

〈수학〉 : 수학Ⅰ 문제가 가장 많이 출제되었고, 여기에 고등 수학(교과명 '수학') 문제가 조금 가미되었다.

한성대학교

(1) 모집시기 및 선발 인원

전 형	전형유형 (선발 인원)	전형방법
수시 1차	전공적성고사전형(407명) 주간218명, 야간 189명	적성검사 70% + 학생부 30%
수시 1차	농어촌전형(64명) 주간 39명, 야간 24명	적성검사 50% + 학생부 50%
수시 1차	특성화고전형(48명) 주간 32명, 야간 16명	적성검사 50% + 학생부50%

(2) 시험 구성(100% 교과적성형. 수학은 A형에서만 출제)

검사영역	문항수	검사시간	풀이시간	배점
국어	30문항	60분	60초	인문대: 국어 9점, 수학 6점 사회과학대:국어 7.5점, 수학 7.5점 공과대: 국어 6점, 수학 9점
수학	30문항			

(3) 적성검사 성적 산출 방법

* 전공적성우수자(70% 반영)

계 열	산출공식
인문대학 (의생활학부포함)	(국어:9.0점×30문항)+(수학:6.0점×30문항) + 기본점수 250점=700점
사회과학대학	(국어:7.5점×30문항)+(수학:7.5점×30문항) + 기본점수 250점=1000점
공과대학	(국어:6.0점×30문항)+(수학:9.0점×30문항) + 기본점수 250점=700점

＊농어촌전형, 특성화고전형(50% 반영)

계 열	산출공식
인문대학 (의생활학부포함)	(국어:6점×30문항)+(수학:4점×30문항) +기본점수 200점=500점
사회과학대학	(국어:5점×30문항)+(수학:5점×30문항) +기본점수 200점=500점
공과대학	(국어:4점×30문항)+(수학:6점×30문항) +기본점수 200점=500점

(4) 학생부 급간 차이

＊전공적성우수자전형 : 6점(1~2등급), 6점(2~3등급), 6점(3~4등급), 12점(4~5등급), 15점(5~6
등급), 30점(6~7등급), 45점(7~8등급), 60점(8~9등급)

전형	1등급	2등급	3등급	4등급	5등급	6등급	7등급	8등급	9등급
전공적성 우수자	300	294	288	282	2710	255	225	180	120
농어촌/ 특성화고	500	490	480	470	450	425	375	300	200

＊농어촌전형 : 10점(1~2등급), 10점(2~3등급), 10점(3~4등급), 20점(4~5등급), 25점(5~6등급),
50점(6~7등급), 75점(7~8등급), 100점(8~9등급)

(5) 수능최저학력기준

없음

(6) 적성검사 시험일

10. 13(일)

(7) 적성검사 특징과 대비법

〈국어〉: 국어정서법, 속담, 고유어, 한자, 한자어, 한자성어, 논리력, 문학, 비문학, 자료해석 등이 출제되었다. 그러나 2014학년도부터는 수능형으로만 30문제를 출제한다고 대학 측이 발표하였다.

〈수학〉: 고등 수학(교과명 '수학') 문제와 수능 출제영역인 수학 I, 미적분과 통계 기본에서 대부분의 문제가 출제되었다. 여기에 공간지각력, 수 추리 문제가 일부 출제되었다. 그러나 2014학년도부터는 수학A형에서만 30문제를 출제한다고 대학 측이 발표하였다.

서경대학교

(1) 모집시기 및 선발 인원

전 형	전형유형 (선발 인원)	전형방법
수시 1차	일반학생전형(190명)	적성검사 80% + 학생부 20%
수시 1차	농어촌전형(56명)	적성검사 80% + 학생부 20%

(2) 시험 구성

검사영역	문항수	검사시간	풀이시간	배점
언어영역	25문항			
수리영역	25문항	60분	51초	5점
사고영역	20문항			

(3) 적성검사 성적 산출 방법

계 열	산출공식
전계열	(언어 25문항 × 5점) + (수리 25문항 × 5점) + (사고 20문항 × 5점) + 기본점수 450점 = 800점

(4) 학생부 급간 차이

5점(1~2등급), 5점(2~3등급), 5점(3~4등급), 5점(4~5등급), 5점(5~6등급), 5점(6~7등급), 5점(7~8등급), 5점(8~9등급)

* 반영교과(반영교과에 속한 상위 4과목 총 12과목)

인문·예체능계 – 국어, 영어, 사회, 자연계 – 영어, 수학, 과학

* 학년별 반영비율 – 1, 2, 3학년 100%

(5) 수능최저학력기준

없음

(6) 적성검사 시험일

9월 15(일)

(7) 적성검사 특징과 대비법

〈국어〉 : 순수적성형 문항을 출제하는 대학에 걸맞게 학생의 사고력, 논리력 등을 종합적으로 평가한다. 국어정서법, 속담, 고유어, 한자, 한자어, 한자성어, 논리력, 문학, 비문학, 자료해석 등이 출제되는데, 문학 문항수는 적고 비문학 문항이 많이 출제되며, 논리력의 난도가 높다. 문제 유형이 매년 일정하기 때문에 기출문제를 꼭 풀어봐야 한다.

〈수학〉 : 고등 수학(교과명 '수학') 문제가 대부분 출제되었고, 회전체의 부피, 삼각함수, 확률의 계산 문제 등도 출제되었다. 사고영역은 언어추리, 논리추리, 수리추리, 퍼즐, 공간지각력, 참인 명제 등을 묻는 문제가 출제되었다.

강원대학교(춘천)

(1) 모집시기 및 선발 인원

전 형	전형유형 (선발 인원)	전형방법
수시 2차	학업적성우수자(655명)	1단계 : 학생부 100%(7배수) 2단계 : 적성검사 70% + 학생부 30%

(2) 시험 구성

검사영역	문항수	검사시간	풀이시간	배점
언어영역	35문항	60분	51초	4점
수리영역	35문항			

(3) 적성검사 성적 산출 방법

계 열	산출공식
인문계열	(언어 35문항 × 4점) + (수리 35문항 × 4점) = 280점, 기본점수 없음
자연계열	(수리 35문항 × 4점) + (언어 35문항 × 4점) = 280점, 기본점수 없음

(4) 학생부 급간 차이

8점(1~2등급), 8점(2~3등급), 8점(3~4등급), 8점(4~5등급), 8점(5~6등급), 8점(6~7등급), 8점(7~8등급), 8점(8~9등급)

* 반영교과(반영 교과 내 이수한 전과목)

  인문계 – 국어, 영어, 수학, 사회

자연계 - 국어, 영어, 수학, 과학

＊학년별 반영비율 - 1학년 30%, 2학년·3학년 70%

(5) 수능최저학력기준

〈인문사회계〉

▶ 경영대, 사범대 : 국어B, 수학A, 영어B, 사탐/과탐 영역 중 상위 3개 영역 등급 합이 10등급 이내

▶ 사회과학대, 인문대, 농업자원경제학과, 스토리텔링학과 : 국어B, 수학A, 영어B, 사탐/과탐 영역 중 상위 3개 영역 등급 합이 12등급 이내

〈자연계1〉

▶ 농업생명과학대, 동물생명과학대, 산림환경과학대, 의생명과학대, 자연과학대, IT대, 가정교육과 : 국어A, 수학A, 영어B, 과탐 영역 중 상위 3개 영역(수학A 반드시 포함) 등급 합이 12등급 이내/국어A, 수학B, 영어B, 과탐 영역 중 상위 3개 영역(수학B 반드시 포함) 등급 합이 14등급 이내

▶ 간호학과 : 국어A, 수학A, 영어B, 과탐 영역 중 상위 3개 영역(수학A 반드시 포함) 등급 합이 11등급 이내/국어A, 수학B, 영어B, 과탐 영역 중 상위 3개 영역(수학B 반드시 포함) 등급 합이 13등급 이내

〈자연계2〉

▶ 공과대, 수학교육과, 과학교육학부 : 국어A, 수학B, 영어B, 과탐 영역 중 상위 3개 영역(수학B 반드시 포함) 등급 합이 13등급 이내

▶ 수의예과 : 국어A, 수학B, 영어B, 과탐 영역 중 상위 3개 영역(수학B 반드시 포함) 등급 합이 7등급 이내

(6) 적성검사 시험일

11. 23(토)

(7) 적성검사 특징과 대비법

〈국어〉 : 순수적성형 문제와 교과적성형 문제가 혼합되어 출제되는데, 교과적성형 문항의 비율이 더 높다. 사회탐구와 과학탐구 영역의 교과지식을 묻는 문제가 많이 출제된다. 문제 유형이 매년 일정하기 때문에 기출문제를 꼭 풀어봐야 한다.

〈수학〉 : 고등 수학(교과명 '수학')과 수능 출제 영역인 수학I, 미적분과 통계 기본의 문제들이 골고루 출제된다. 따라서 수능 공부를 하면서 따로 시간을 내어 고1 때 배운 '고등 수학(교과명 '수학')' 공부를 병행하는 것이 효과적인 학습법이다.

한국외국어대학교(글로벌)

(1) 모집시기 및 선발 인원

전 형	전형유형 (선발 인원)	전형방법
수시 1차	일반전형 우선선발(290명)	우선선발(60%): 적성검사 70% + 학생부 30%
	일반전형 일반선발(193명)	일반선발(40%): 적성검사 50% + 학생부 50%

(2) 시험 구성(5지선다형 출제)

검사영역	문항수		검사시간	풀이시간	배점
국어	〈인문계·자연계 공통〉 30문항 − 2점　　5문항 − 2.5점　20문항 − 3점　　5문항		80분	60초	2점, 2.5점, 3점
영어	〈인문계〉 30문항 − 2점　　5문항 − 2.5점 20문항 − 3점　　5문항	〈자연계〉 20문항 − 2점　　4문항 − 2.5점 12문항 − 3점　　4문항			
수학	〈인문계〉 20문항 − 2점　　4문항 − 2.5점 12문항 − 3점　　4문항	〈자연계〉 30문항 − 2점　　5문항 − 2.5점 20문항 − 3점　　5문항			

(3) 적성검사 성적 산출 방법

계 열	산출공식
우선선발 전계열	200점 만점(인문계 : 국어 75점, 영어 75점, 수학 50점 / 자연계 : 국어 75점, 영어 50점, 수학 75점) × 1.75점 = 350점(70%)
일반선발 전계열	200점 만점(인문계 : 국어 75점, 영어 75점, 수학 50점 / 자연계 : 국어 75점, 영어 50점, 수학 75점) × 1.25점 = 250점(50%)

(4) 학생부 급간 차이

〈우선선발〉

0.75점(1~2등급), 1.5점(2~3등급), 2.25점(3~4등급), 3.0점(4~5등급), 7.5점(5~6등급), 15점(6~7등급), 30점(7~8등급), 30점(8~9등급)

〈일반선발〉

1.25점(1~2등급), 2.5점(2~3등급), 3.75점(3~4등급), 5.0점(4~5등급), 12.5점(5~6등급), 25점(6~7등급), 50점(7~8등급), 50점(8~9등급)

* 반영교과(반영 교과 내 이수한 전과목)

 인문계 – 국어, 영어, 수학, 사회

 자연계 – 국어, 영어, 수학, 과학

* 학년별 반영비율 – 1학년, 2학년, 3학년 100%

(5) 수능최저학력기준

없음

(6) 적성검사 시험일

9. 29(일)

(7) 적성검사 특징과 대비법

〈국어〉 : 국어A형 수준의 문제가 수능형으로 출제된다. 문제 유형이 매년 일정하기 때문에 기출문제를 꼭 풀어봐야 한다.

〈영어〉 : 영어B형 수준의 문제가 수능형으로 출제된다. 발문이 영어로 제시되는 것도 특징이다. 난도가 높다.

〈수학〉 : 고등 수학(교과명 '수학') 문제와 수능 출제범위인 수학Ⅰ, 미적분과 통계 기본 문제가 대부분 출제된다. 중학교 수학 문제도 일부 출제된다.

세종대학교

(1) 모집시기 및 선발 인원

전 형	전형유형 (선발 인원)	전형방법
수시 1차	일반전형(839명)	적성검사 30% + 학생부 70%

(2) 시험 구성(수능형 객관식 문항 출제)

검사영역	문항수	검사시간	풀이시간	출제 비율
영어	70문항 내외	80분 내외	미정	인문계열 - 영어 60%, 수학 40% 자연계열 - 영어 40%, 수학 60%
수학				

* 각 영역별 문항의 난이도 중/하는 인문/자연계열이 공통문제로 출제되며, 인문계는 영어 쪽이, 자연계는 수학 쪽에 난이도 상이 추가로 포함된다.

(3) 적성검사 성적 산출 방법

계 열	산출공식
인문계열	미정
자연계열	미정

(4) 학생부 급간 차이

16.7점(1~2등급), 27.7점(2~3등급), 38.9점(3~4등급), 50.0점(4~5등급), 61.1점(5~6등급), 72.3점(6~7등급), 83.3점(7~8등급), 94.4점(8~9등급)

* 반영교과(반영 교과 내 이수한 전과목)

 인문계 - 영어(60%), 사회(40%)

자연계 – 수학(60%), 과학(40%)

* 학년별 반영비율 – 1학년 20%, 2학년 40%, 3학년 40%

(5) 수능최저학력기준

▶ 인문계 : 국어B, 수학A, 영어B, 사탐(2과목 평균) 중 1개 2등급

▶ 자연계 : 국어A, 수학B, 영어B, 과탐(2과목 평균) 중 1개 2등급 또는 2개 3등급

(6) 적성검사 시험일

자연계 : 10.26(토)

인문계 : 10.27(일)

(7) 적성검사 특징과 대비법

〈영어〉: 수능형으로 출제될 예정이다. 문항의 난이도 중·하는 인문계와 자연계 공통 문항으로 출제되며, 인문계는 영어 쪽에 난이도 상이 추가로 포함된다고 대학 측이 발표하였다.

〈수학〉: 수능형으로 출제될 예정이다. 문항의 난이도 중·하는 인문계와 자연계 공통 문항으로 출제되며, 자연계는 수학 쪽에 난이도 상이 추가로 포함된다고 대학 측이 발표하였다.

동덕여자대학교

(1) 모집시기 및 선발 인원

전 형	전형유형 (선발 인원)	전형방법
수시 1차	일반전형(121명)	우선선발(50%): 적성검사 100%
		일반선발(50%): 적성검사 70%+학생부 30%

(2) 시험 구성(5지선다형, 70문항 출제, 80분)

◆인문계열

구분	국어영역	영어영역	수학영역	합계
영역별 배점	35	35	30	100
문항수	24	24	22	70
문항당 배점	1~2	1~2	1~2	—

◆자연계열

구분	국어영역	영어영역	수학영역	합계
영역별 배점	30	30	40	100
문항수	21	21	28	70
문항당 배점	1~2	1~2	1~2	—

＊EBS 교재 연계율 70% 이상, 교과 중심의 문제를 출제함.

(3) 적성검사 성적 산출 방법

계 열	산출공식
인문계열	미정
자연계열	미정

(4) 학생부 급간 차이

1.28점(1~2등급), 1.28점(2~3등급), 1.28점(3~4등급), 1.28점(4~5등급), 1.28점(5~6등급),

1.28점(6~7등급), 1.28점(7~8등급), 1.28점(8~9등급)

* 반영교과

인문 : 영, 국, 사/수 중 1

자연 : 영, 수, 과/국 중 1

* 학년별 반영비율 - 1, 2, 3학년 100%

(5) 수능최저학력기준

〈우선선발〉 없음

〈일반선발〉

'B영역 + B영역' 또는 'B영역 + 탐구영역'의 합이 6등급

또는 'A영역 + B영역' 또는 'A영역 + 탐구영역'의 합이 5등급

(6) 적성검사 시험일

9. 29(일)

(7) 적성검사 특징과 대비법

2014학년도 모의적성은 순수적성형 문항으로 출제되었지만, 실제 시험은 수능형 문제로 대부분 출제할 예정이다. EBS 교재 연계율을 70% 이상으로 유지할 수 있도록 출제한다고 대학 측이 발표하였다.

대진대학교

(1) 모집시기 및 선발 인원

전 형	전형유형 (선발 인원)	전형방법
수시 1차	일반학생전형(433명)	적성검사 70% + 학생부 30%

(2) 시험 구성

검사영역	문항수	검사시간	풀이시간	배점
언어영역	25문항			
수리영역	25문항	60분	60초	7점, 5점
외국어영역	10문항			

(3) 적성검사 성적 산출 방법

계 열	산출공식
인문계열	(국어 25문항 × 7점 + 수리 25문항 × 5점 + 영어 10문항 × 7점) + 기본점수 330점 = 700점
자연계열	(국어 25문항 × 5점 + 수리 25문항 × 7점 + 영어 10문항 × 7점) + 기본점수 330점 = 700점

(4) 학생부 급간 차이

6점(1~2등급), 6점(2~3등급), 3점(3~4등급), 3점(4~5등급), 15점(5~6등급), 21점(6~7등급), 27점(7~8등급), 39점(8~9등급)

* 반영교과(반영 교과 내 이수한 전과목)

 인문계 – 국어, 영어, 사회 / 자연계 – 영어, 수학, 과학

* 학년별 반영비율 – 1, 2, 3학년 100%

(5) 수능최저학력기준

없음

(6) 적성검사 시험일

10. 6(일)

(7) 적성검사 특징과 대비법

〈국어〉 : 2014학년도 모의적성 문제를 분석해보면, 교과적성형 문제가 대부분이었지만 실제 시험은 순수적성형 문항 비율을 늘릴 예정이다. 문학, 비문학 등이 주로 출제되었다.

〈영어〉 : 2014학년도 모의적성 문제를 분석해보면, 영어A형 수준의 수능형 문제가 출제되었다.

〈수학〉 : 2014학년도 모의적성 문제를 분석해보면, 교과적성형 문제가 대부분이었지만 실제 시험은 순수적성형 문항 비율을 늘릴 예정이다.

안양대학교

(1) 모집시기 및 선발 인원

전 형	전형유형 (선발 인원)	전형방법
수시 1차	적성전형(175명)	적성검사 70% + 학생부 30%

(2) 시험 구성

검사영역	문항수	검사시간	풀이시간	배점
언어영역	30문항	80분	80초	3점, 4점
수리영역	30문항			

(3) 적성검사 성적 산출 방법

계 열	산출공식
전계열	언어영역 : 1~20번 : 3점, 21~30번 : 4점 = 100점 × 3.5 = 350점 수리영역 : 1~20번 : 3점, 21~30번 : 4점 = 100점 × 3.5 = 350점 총 700점, 기본점수 없음

(4) 학생부 급간 차이

15점(1~2등급), 15점(2~3등급), 15점(3~4등급), 15점(4~5등급), 15점(5~6등급), 15점(6~7등급), 15점(7~8등급), 15점(8~9등급)

* 반영교과(반영 교과 내 이수한 전과목)

 인문계 - 국어, 영어, 사회

 자연계 - 영어, 수학, 과학

* 학년별 반영비율 - 1학년 20%, 2학년 40%, 3학년 40%

(5) 수능최저학력기준

없음

(6) 적성검사 시험일

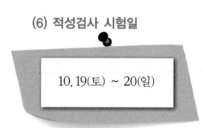

10. 19(토) ~ 20(일)

(7) 적성검사 특징과 대비법

〈**국어**〉 : 2014학년도 모의적성 문제를 분석해보면, 순수적성형 문제가 주로 출제되었다. 국어정서법, 속담, 고유어, 한자, 한자어, 한자성어, 논리력, 문학, 비문학, 자료해석 등이 출제되었다.

〈**수학**〉 : 2014학년도 모의적성 문제를 분석해보면, 고등 수학(교과명 '수학')과 수능 출제 영역인 수학Ⅰ, 미적분과 통계 기본에서 골고루 출제되었고, 여기에 공간지각력 문제와 수학사를 활용한 문제가 일부 출제되었다.

평택대학교

(1) 모집시기 및 선발 인원

전 형	전형유형 (선발 인원)	전형방법
수시 2차	일반전형(95명)	적성검사 60% + 학생부 40%

(2) 시험 구성

검사영역	문항수	검사시간	풀이시간	배점
언어영역	40문항	60분	45초	8점, 7점
수리영역	40문항			

(3) 적성검사 성적 산출 방법

계 열	산출공식
인문사회	언어 40문항 × 8점 = 320점 , 수리 40문항 × 7점 = 280점
자연과학	언어 40문항 × 7점 = 280점 , 수리 40문항 × 8점 = 320점

(4) 학생부 급간 차이

9점(1~2등급), 9점(2~3등급), 9점(3~4등급), 9점(4~5등급), 9점(5~6등급), 9점(6~7등급), 9점(7~8등급), 9점(8~9등급) 실질반영비율 10% 이내

* 반영교과 - 국어 또는 수학 중 상위 3과목, 영어 중 상위 3과목, 사회 또는 과학 중 상위 3과목(3학년 1학기까지 성적 중 석차등급이 높은 상위 각 3과목을 학년, 학기 구분없이 반영)
* 학년별 반영비율 - 1, 2, 3학년 100%

(5) 수능최저학력기준

없음

(6) 적성검사 시험일

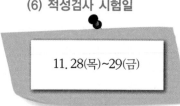

11. 28(목)~29(금)

(7) 적성검사 특징과 대비법

〈국어〉 : 2014학년도 모의적성 문제를 분석해보면, 교과적성형 문제가 대부분이었지만 실제 시험은 순수적성형 문항 비율을 늘릴 예정이다. 국어정서법, 문학, 비문학 등이 주로 출제되었다.

〈수학〉 : 2014학년도 모의적성 문제를 분석해보면, 고등 수학(교과명 '수학') 문제와 수능 출제영역인 수학 I, 미적분과 통계 기본의 문제가 골고루 출제되었고, 여기에 중학교 수학 내용인 삼각형의 내심, 농도, 속도에 관한 문제도 일부 출제되었다.

한밭대학교

(1) 모집시기 및 선발 인원

전 형	전형유형 (선발 인원)	전형방법
수시 2차	한밭창조인재전형(470명)	적성검사 70% + 학생부 30%

(2) 시험 구성(5지선다형 출제)

검사영역	문항수	검사시간	풀이시간	배점
인문·경상계열	국어 25문항 영어 25문항 수학 20문항	90분	77초	3점, 5점, 7점
자연계열	국어 20문항 영어 20문항 수학 30문항	90분	77초	3점, 5점, 7점

* 고등학교 1~3학년 과정으로 국어, 영어, 수학 과목을 객관식 5지선다형으로 출제 예정

(3) 적성검사 성적 산출 방법

계 열	산출공식
전계열	70문항 × (3점, 5점, 7점) + 기본점수 350점 = 700점

(4) 학생부 급간 차이

2점(1~2등급), 2점(2~3등급), 2점(3~4등급), 8점(4~5등급), 20점(5~6등급), 22점(6~7등급), 22점(7~8등급), 2점(8~9등급)

* 반영교과 - 전과목

* 학년별 반영비율 - 2·3학년 100%

(5) 수능최저학력기준

없음

(6) 적성검사 시험일

11. 10(일) 자연계 10:00~11:30,
인문경상계열 14:00~15:30

(7) 적성검사 특징과 대비법

〈국어〉 : 2014학년도 모의적성 문제를 분석해보면, 순수적성형 문제와 교과적성형 문제가 혼합되어 출제되었는데, 교과적성형 문항 비율이 더 높았다. 국어정서법, 문학, 비문학 등이 주로 출제되었다.

〈수학〉 : 2014학년도의 모의적성 문제를 분석해보면, 인문·경상계열의 문제는 고등 수학(교과명 '수학')과 수능 출제영역인 수학I, 미적분과 통계 기본에서 문제가 골고루 출제되었고, 자연계열의 문제는 고등 수학(교과명 '수학')과 수능 출제영역인 수학I, 수학II, 적분과 통계에서 문제를 골고루 출제하였다. 기하와 벡터에서는 출제하지 않았다.

호서대학교

(1) 모집시기 및 선발 인원

전 형	전형유형 (선발 인원)	전형방법
수시 2차	일반전형 Ⅲ(402명)	적성검사 60% + 학생부 40%

(2) 시험 구성 및 성적 산출 방법

■ 인문대학, 사회과학대학

구분	언어기초	구분			합계
		자료해석	수열추리	언어추리	
문항수	20문항	10문항	10문항	10문항	50문항
배점	40점	60점			100점
평가시간	25분	10분	10분	10분	55분

■ 자연과학대학, 공과대학, IT공과대학

구분	수리기초	구분			합계
		자료해석	수열추리	언어추리	
문항수	20문항	10문항	10문항	10문항	50문항
배점	40점	60점			100점
평가시간	25분	10분	10분	10분	55분

(3) 학생부 급간 차이

5점(1~2등급), 5점(2~3등급), 5점(3~4등급), 5점(4~5등급), 5점(5~6등급), 5점(6~7등급), 5점(7~8등급), 5점(8~9등급)

* 반영교과(반영 교과 내 이수한 전과목)

인문계 – 국어, 영어, 사회

자연계 – 영어, 수학, 과학

* 학년별 반영비율 - 1학년, 2학년, 3학년 100%

(5) 수능최저학력기준

없음

(6) 적성검사 시험일

10. 12(토)

(7) 적성검사 특징과 대비법

〈국어〉 : 2014학년도 모의적성 문제를 분석해보면, 순수적성형 문제가 주로 출제되었다. 고1 수준의 언어기초 문제와 학생의 적성과 잠재력을 평가하는 사고력 문제가 출제되었다. 교과서를 지양하고 기초 교육과정 개념이해 수준으로 문제가 구성되며, 암기식 내용과 별도의 사교육 등을 통해서 학습되는 내용을 완전 배제하겠다고 대학 측이 발표했다.

〈수학〉 : 2014학년도 모의적성 문제를 분석해보면, 이공계열에서만 수리기초를 보며 그 내용은 대부분은 고등 수학(교과명 '수학') 내용이며, 중학교 수학과 수학I의 문제가 일부 출제되었다. 그리고 사고력 문제는 인문·사회계열과 이공계열에서 수열추리와 언어추리가 공통으로 출제되었으며, 인문·사회계열에서는 자료해석(표나 그래프 등)의 문제를 이공계열에서는 도형추리(전개도, 도형의 회전 등)를 각각 출제하였다.

홍익대학교(세종)

(1) 모집시기 및 선발 인원

전 형	전형유형 (선발 인원)	전형방법
수시 1차	일반전형 (266명)	적성검사 60% + 학생부 40%

(2) 시험 구성(수능 A형과 유사한 구성의 5지선다형 객관식 문제)

검사영역	문항수	검사시간	특징
영어	25문항	50분	계열구분 없이 공통으로 제출됨
수학	25문항	50분	계열별로 구분하여 출제됨 (캠퍼스 자율전공은 인문계열 문제와 동일)

(3) 적성검사 성적 산출 방법

미정

(4) 학생부 급간 차이

미정

* 반영교과 - 국어, 영어, 수학, 사회, 과학
* 학년별 반영비율 - 1, 2, 3학년 100%

(5) 수능최저학력기준

자율전공 - 국, 영, 수, 사/과탐 중 1개 3등급

상경학부 - 국, 영, 수, 사/과탐 중 2개 평균 4등급

광고홍보학부 - 국, 영, 수, 사/과탐 중 2개 평균 3등급

자연계열 – 국, 영, 수B, 과탐 중 1개 4등급

건축공학부 – 국, 영, 수B, 과탐 중 2개 3등급

* 탐구영역은 1개 과목만 반영

(6) 적성검사 시험일

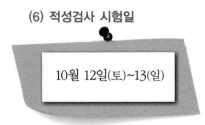

10월 12일(토)~13(일)

(7) 적성검사 특징과 대비법

2014학년도에 적성검사를 신설한 대학으로 예시 문제를 공개하지 않았다.